Sabine Koch

Perlen Power

Tiere, Ketten und Armbänder aus Perlen

frechverlag

Im frechverlag sind zahlreiche weitere Bücher erschienen. Hier eine Auswahl:

TOPP 2139

TOPP 2219

TOPP 2052

TOPP 2057

TOPP 2485

TOPP 2078

Dieses Buch möchte ich meinem Vater Walter Koch widmen.
Auch möchte ich meiner Freundin Brigitte Kais und meinem Bruder Karlheinz Koch für die hilfreiche Unterstützung danken.

Fotos: frechverlag GmbH + Co. Druck KG, 70499 Stuttgart; Fotostudio Ullrich & Co., Renningen

Auflage:	10.	9.	8.	7.	Letzte Zahlen
Jahr:	2003	2002	2001	2000	maßgebend

frechverlag GmbH + Co. Druck KG, 70499 Stuttgart

ISBN 3-7724-2356-6 · Best.-Nr. 2356

Druck: frechverlag GmbH + Co. Druck KG, 70499 Stuttgart

In Perlen steckt eine Menge Power.
Denn mit ein wenig Geduld, einem Perlenwebrahmen, den man sogar selbst anfertigen kann, und Perlen in allen Farben kann man ganz einfach coole Schmuckstücke herstellen.

Gewebte bunte Ketten und dazu passende Armbänder und Ohrringe, plastische Tiere und verschiedene Figuren als fetzige Anstecknadeln und Schlüsselanhänger sorgen für ein individuelles Outfit, das garantiert Aufsehen erregt.

Und als Geschenk für die beste Freundin kommen die tollen Schmuckstücke natürlich auch super an.

Mit ein wenig Übung kann man mit den verschiedensten Formen und Farben der Perlen experimentieren und so einzigartige Muster und Schmuckstücke entwerfen, die sonst bestimmt niemand hat.

Ich wünsche allen viel Spaß beim Kreieren starker Schmuckstücke.

Eure

Sabine Koch

Material

- Perlenwebrahmen, gekauft oder selbstgemacht
- Nähgarn in verschiedenen Farben
- Nylonfaden in den Stärken 0,15 mm, 0,25 mm und 0,3 mm
- Sehr dünne Nähnadeln in verschiedenen Längen oder spezielle Perlwebnadel
- Basteldraht in Gold, Silber und Grün, ø ca. 0,3 mm
- Kettenverschlüsse in Gold und Silber
- Anstecknadeln
- Ohranhänger
- Evtl. künstliche Blätter

Perlen

- Rocailles in verschiedenen Farben, ø 2,5 mm
- Glasstifte, Wachsperlen, Goldperlen und Holzperlen in verschiedenen Farben und Größen

Werkzeug

- Schere
- Zange, zum Biegen und Abzwicken des Drahtes

Nützliche Hilfsmittel

- Einfädler
- Klebefilm
- Klebstoff, z. B. UHU Kraft
- Feuerzeug zum Verschweißen des Nylonfadens

Weben mit dem Perlenwebrahmen

Bespannen des Rahmens

Bevor Du mit dem Weben beginnen kannst, müssen die Kettfäden gespannt werden. Dazu knotet man das Nähgarn am Querhölzchen fest, zieht den Faden durch die Schlitze auf die andere Seite, legt ihn um die Holzknöpfe und spannt ihn dann zurück zum Querhölzchen. Anschließend wird der Faden um das Querhölzchen gelegt und wieder durch die Schlitze zu den Holzknöpfen gespannt. So verfährt man, bis die Anzahl an benötigten Kettfäden erreicht ist. Wichtig ist, daß die Kettfäden straff gespannt sind. Der Abstand zwischen den Fäden hängt dabei vom Durchmesser der Perlen ab.

Man benötigt immer einen Kettfaden mehr, als man Perlen pro Reihe webt. Möchtest Du also zum Beispiel mit acht Perlen weben, benötigst Du neun Kettfäden.

Das Fadenende wird mehrmals um die Holzknöpfe gewickelt und mit Klebefilm am Rahmen befestigt. Über die Schlitze kannst Du auch Klebefilm kleben, damit die Fäden nicht herausrutschen.

Zum Herstellen einer Halskette müssen die Fäden recht lang sein. Sie werden in der angegebenen Länge zugeschnitten, in der Mitte zusammengelegt und um das Querhölzchen geschlungen (siehe Zeichnung 1).

Nun werden die Fäden wie gewohnt einzeln gespannt und mehrmals um die Holzknöpfe gelegt. Ist der Webrahmen vollgewebt, werden die Fäden von den Holzknöpfen gelöst, und das Gewebte wird auf das Querhölzchen gerollt. Danach werden die Fäden wieder gespannt, und es kann weiter gewebt werden.

Weben

Zum Weben hälst Du Dich an die farbigen Webvorlagen. Zunächst wird der ca. 75 cm lange Schußfaden, das ist der Faden, mit dem Du webst, zugeschnitten und am linken, äußeren Kettfaden gut festgeknotet. Du kannst Nähgarn oder Nylonfaden verwenden. Das andere Ende des Fadens wird durch eine sehr dünne Nadel gezogen. Dabei ist ein Einfädler sehr hilfreich.

Zum Weben sollte das Querhölzchen immer zu Dir zeigen, damit sich der Schußfaden nicht in den Holzknöpfen verfängt. Auf die Nadel werden die benötigen Perlen, wie in der Zählvorlage angegeben, aufgenommen. Die Perlen werden nun von links nach rechts unter die Kettfäden gelegt (siehe Zeichnung 2). Dann wird jeweils eine Perle mit der freien Hand zwischen die Kettfäden gedrückt. Anschließend mußt Du die Nadel samt Faden von rechts nach links oberhalb der Kettfäden durch die Perlen ziehen (siehe Zeichnung 3). Den Faden immer fest anziehen und die einzelnen Reihen eng zusammenschieben. So wird verfahren, bis die Webarbeit fertig ist.

Der Schußfaden wird vernäht, indem Du ihn einige Reihen durch die Perlen zurückfädelst. Sollte der Schußfaden während des Webens zu Ende gehen, vernähst Du ihn ebenso. Danach knotest Du wieder am linken Kettfaden einen neuen Faden an.

Hinweis: *Goldene Perlen werden als mit einem Kreuz versehene, gelbe Perlen dargestellt. Transparente Perlen werden nur mit einem Kreuz markiert.*

Fertigstellung

Löse die Kettfäden an beiden Seiten und verknote sie miteinander. Der Schußfaden wird gemeinsam mit den Kettfäden verknotet. Anschließend kannst Du noch die Fadenenden mit Perlen verzieren. Zum Schluß werden die Verschlüsse angeknotet. Alle Knoten solltest Du mit einem Tropfen Klebstoff fixieren.

Tip: *Die äußeren Kettfäden doppelt spannen, so wird das Schmuckstück stabiler.*

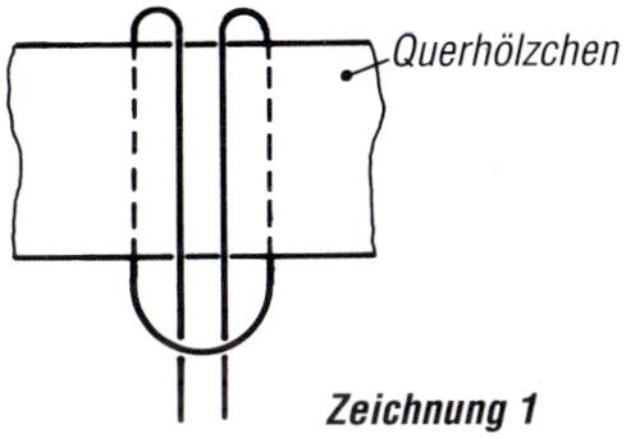

Zeichnung 1

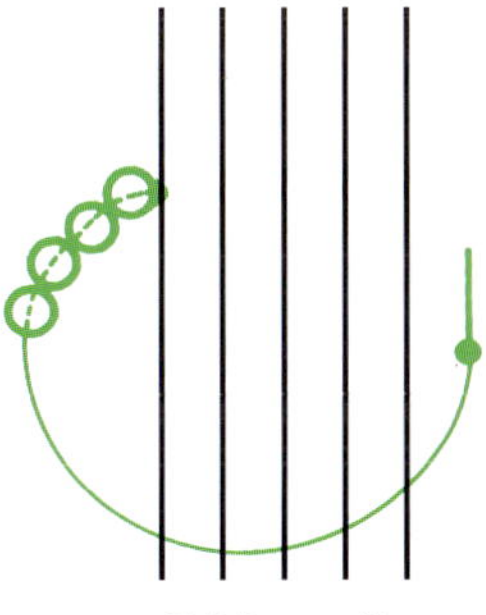

Zeichnung 2

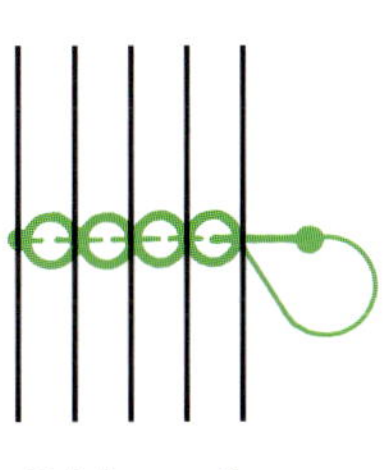

Zeichnung 3

Einen Webrahmen selbst herstellen

Dazu brauchst Du einen Schuhkarton, eine Pralinenschachtel oder ähnliches oder einen alten Bilderrahmen aus Holz.
In den Karton schneidest Du mit einem Cutter kleine Schlitze oben in die schmale Seite. Die Abstände zwischen den Schlitzen richten sich nach dem Durchmesser der Perlen, die Du verwenden möchtest. Durch die Schlitze werden die Fäden gespannt und mit Klebefilm fixiert.
Du kannst auch in den oberen Rand eines Bilderrahmens kleine Nägel oder Reißnägel einklopfen, um die der Faden dann gespannt wird. Auch hier bestimmt der Durchmesser der Perlen den Abstand zwischen den Nägeln.

Perlen auf Nylonfaden aufziehen

In dieser Technik werden die plastischen Figuren gearbeitet.
Der Nylonfaden wird in der angegebenen Länge abgeschnitten. Die erste Perle auf das linke Ende des Fadens nehmen und in die Mitte des Nylonfadens ziehen. Mit dem rechten Nylonfaden in die Gegenrichtung noch einmal durch die Perle fädeln. Nun ist die Perle fixiert und kann nicht mehr rutschen (siehe Zeichnung 4).
Sämtliche Perlenreihen entstehen, indem Du die benötigten Perlen auf die linke Seite des Nylonfadens auffädelst und mit dem rechten Faden in die Gegenrichtung noch einmal durch die Perlen fädelst. Den Nylonfaden dabei immer fest und gleichmäßig anziehen.
Die erste Reihe bildet die Unterseite der Figur. Die nächste Perlenreihe, die aus der gleichen Anzahl Perlen besteht, ist die Oberseite der Figur. Sie wird über die Unterseite geschoben.

Wichtig ist, daß Du gleichmäßig an beiden Enden des Nylonfadens ziehst, wenn Du eine Reihe aufgefädelt hast, denn so werden die Figuren schön gleichmäßig.
Abschließend werden die Enden des Nylonfadens gut verknotet und verschweißt, indem Du sie ganz kurz mit einem Feuerzeug erhitzt. Dazu läßt Du Dir am besten von einem Erwachsenen helfen.

Am Beispiel der Spinne wird das Vorgehen anhand unten stehender Skizze verdeutlicht. Die anderen plastischen Figuren werden nach dem gleichen Prinzip gearbeitet.

Tip: *Bitte jemanden, Dir bei den ersten beiden Reihen die Anfangsperlen festzuhalten.*

Perlen auf Draht aufziehen

Hier gehst Du genauso vor, wie beim Aufziehen auf Nylonfaden. Allerdings haben diese Figuren nur eine Oberseite, sie sind also nicht plastisch.

Zeichnung 4

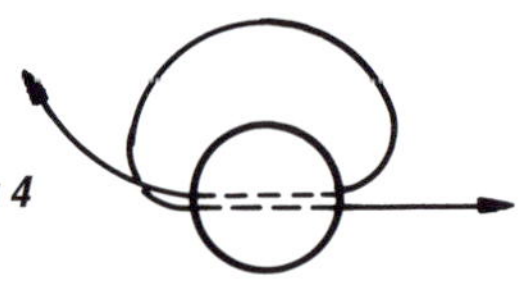

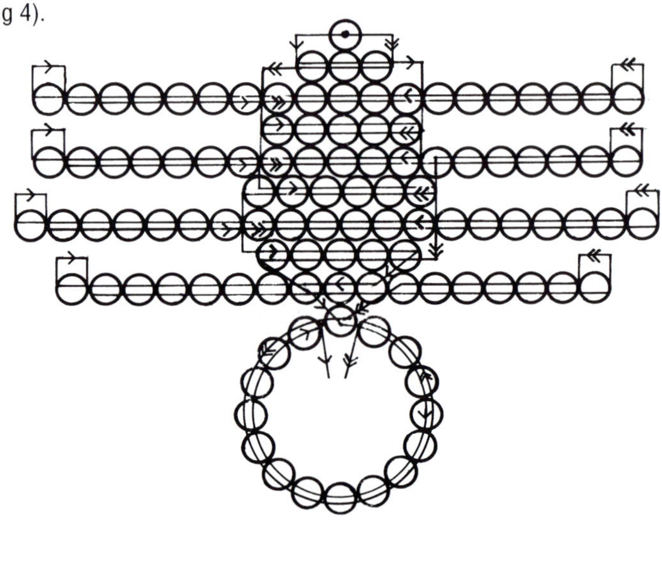

Spinne auf Nylonfaden

Die Spinne solltest Du als erste plastische Figur arbeiten, weil an ihrem Beispiel das Vorgehen anhand einer Skizze ausführlich erklärt wird. Die anderen plastischen Figuren werden nach dem gleichen Prinzip hergestellt.

Material:
- *Rocailles opak, schwarz*
- *2 größere, silberne Perlen, ø 4 mm*
- *Nylonfaden, ø 0,3 mm*
- *6 Zahnstocher*
- *Rote Wolle*
- *1 Anstecknadel*

Du benötigst 1,30 m Nylonfaden. Nach der Zählvorlage wird die plastische Spinne hergestellt. Beginne mit dem linken Faden am Kopf der Spinne. Die erste Perle wird in der Mitte fixiert. Fädle drei schwarze Perlen für die Unterseite auf. In der zweiten Reihe werden die Augen auf der Oberseite aufgefädelt. Lege die beiden Reihen untereinander. Die Beinchen fädelst Du nur an der Unterseite in der dritten, fünften, siebten und neunten Reihe auf. Nachdem Du die Perlen für die Unterseite aufgezogen hast, nimmst Du dazu zuerst mit dem linken Faden sieben Perlen für die Beine auf. Dann fädelst Du mit dem gleichen Faden durch die Perlen für die Beine noch einmal in die Gegenrichtung zurück, wobei Du die letzte Perle überspringst. Nun wird das rechte Bein ebenso gefertigt. Die nächste Reihe wird wieder wie üblich hergestellt. So verfährst Du, bis die Spinne fertig ist. Die Spinne wird auf das Netz geklebt. Auf der Unterseite bringst Du eine Anstecknadel an.

Tip: *Es ist sehr hilfreich, den Verlauf des Fadens in zwei verschiedenen Farben auf der Skizze nachzumalen.*

Im Netz sitzt eine Spinne ohne Schlüsselring. Du kannst sie aber auch als Schlüsselanhänger arbeiten. Dazu auf den Rest des Nylonfadens 20 Perlen aufziehen und das andere Ende des Fadens gegengleich durch die Perlen ziehen. Die Nylonfäden mehrmals verknoten und verschweißen.

Für das Spinnennetz werden die Zahnstocher über Kreuz übereinandergelegt und in der Mitte mit Wolle mehrmals umwickelt. Dann spannst Du den Faden von einem Hölzchen zum anderen und umwickelst dabei jedes von ihnen einmal. Abschließend wird der Faden verknotet.

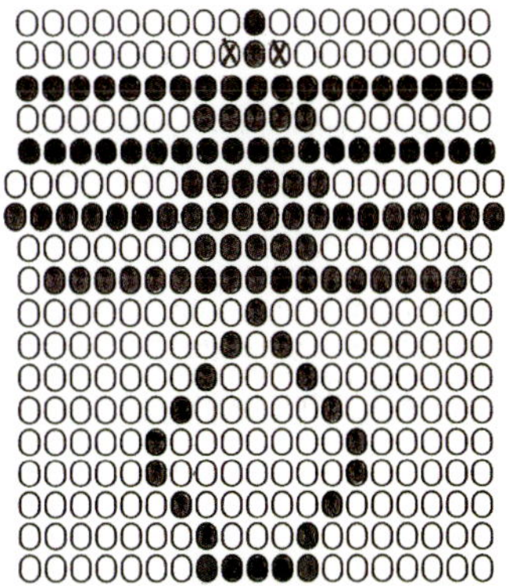

Herzen am laufenden Band

Die Kette und das dazu passende Armband werden auf einem Perlenwebrahmen hergestellt.

Armband

Material:
- *Rocailles opak, schwarz, rot und gold*
- *4 rote und 4 schwarze Holzperlen, ø 3 mm*
- *2 goldene Perlen, ø 6 mm*
- *Nähgarn, schwarz*
- *1 goldener Drehverschluß*

Es werden 10 schwarze Kettfäden gespannt. Dann webst Du das Muster gemäß der Vorlage fünfmal.
Anschließend wird die Webarbeit vom Rahmen genommen. Auf jeder Seite werden jeweils fünf Fäden mit je einer roten und einer schwarzen Holzperle verziert. Dann die zehn Fäden wieder zusammennehmen und eine große, goldene Perle aufziehen.
Zum Schluß knotest Du noch den Drehverschluß an.

Kette

Material:
- *Rocailles opak, schwarz, rot und gold*
- *2 geriffelte, goldene Perlen, ø 6 mm*
- *Nähgarn, schwarz*
- *1 goldener Drehverschluß*

Aus dem Nähgarn werden 10 Fäden zu jeweils 1,50 m zugeschnitten, in der Mitte zusammengeschlungen und am Querhölzchen befestigt. Nun spannst Du die Fäden. Mit dem Weben wird in der Mitte des Webrahmens begonnen, da unten am Medaillon für die goldenen Zierperlen Fäden übrigbleiben müssen.
Die erste Reihe besteht aus goldenen Perlen. Es folgt das Herzmuster und eine weitere Reihe goldener Perlen.
Danach nimmst Du auf einer Seite fünf Fäden vom Rahmen. Die verbleibenden fünf Fäden werden bis zum Rahmenende im Karomuster gewebt. Nimm die fertig gewebte Seite vom Rahmen, und spanne die anderen fünf Fäden wieder auf den Rahmen. Auch sie werden im Karomuster bis zum Ende des Rahmens gewebt.
Danach nimmst Du auch dieses gewebte Band vom Rahmen und rollst nun beide Seiten auf das Querhölzchen auf. Diesen Vorgang wiederholst Du so lange, bis Du auf beiden Seiten das Karomuster 26mal gewebt hast.
Dann kannst Du die gesamte Kette vom Rahmen nehmen und die Enden mit einer goldenen Perle verzieren. Zum Schluß knotest Du den Drehverschluß an.

Die überstehenden Fäden unten am Herz werden in fünf Stränge geteilt und mit goldenen Perlen verziert.
Die Fäden werden immer durch die vorletzte Perle zurückgeführt und am Ende der goldenen Perlen verknotet.
Die goldenen Randperlen werden zum Schluß an den Rand jeder Reihe angebracht. Dazu auf eine Nadel schwarzen Faden fädeln, diesen durch eine gewebte Perlenreihe ziehen und dann die erste goldene Perle aufziehen. Anschließend den Faden durch die nächste gewebte Reihe ziehen, wieder eine goldene Perle aufnehmen und durch die nächste Perlenreihe stechen.

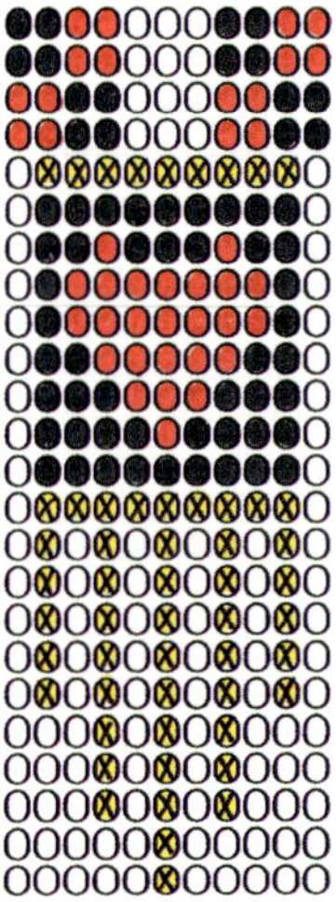

Kette

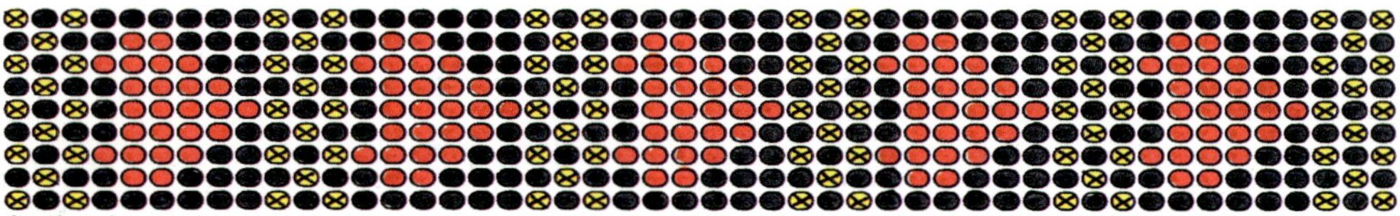

Armband

Sonne, Mond und Sterne

Mit diesem stilvollen Ensemble liegst Du voll im Trend.

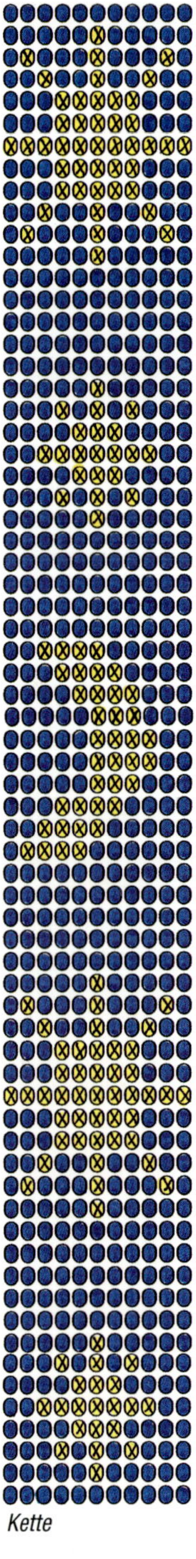

Kette

Kette

Material:

- *Rocailles opak, dunkelblau und gold*
- *Sechskant-Rocailles, gold*
- *Rechteckige Holzperlen, hell- und dunkelblau, ø 5 mm*
- *Nähgarn, dunkelblau*
- *1 goldener Drehverschluß*

Sechs 1,50 m lange Fäden zuschneiden, in der Mitte zusammenschlingen, um das Querhölzchen legen und auf den Rahmen spannen. Die Kette webst Du gemäß der Zählvorlage.

Das Gewebte aus dem Rahmen nehmen und in drei Stränge teilen. Diese mit 12 goldenen Sechskant-Rocailles und einer rechteckigen, hell- bzw. dunkelblauen Holzperle schmücken. Diesen Vorgang wiederholst Du dreimal. Zum Schluß den Drehverschluß anknoten.

Armband

Material:

- *Rocailles opak, dunkelblau und gold*
- *Sechskant-Rocailles, gold*
- *Rechteckige Holzperlen, dunkelblau, ø 5 mm*
- *Nähgarn, dunkelblau*
- *1 goldener Drehverschluß*

12 Kettfäden werden auf den Rahmen gespannt, und nach der Zählvorlage wird das Band gewebt. Anschließend die Arbeit vom Rahmen lösen und wie bei der Kette auf drei Stränge je vier goldene Sechskant-Rocailles aufziehen. Nun alle Fäden zusammennehmen und eine rechteckige, dunkelblaue Holzperle auffädeln. Abschließend knotest Du den Drehverschluß an.

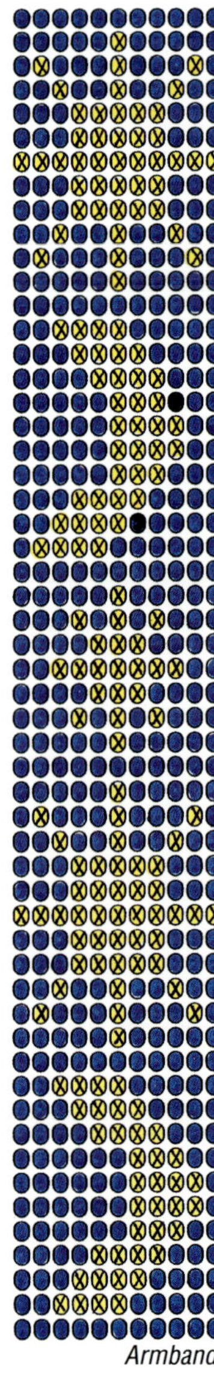

Armband

Freche Marienkäfer

Wenn Du Dich mit diesen niedlichen Glücksbringern schmückst, kann garantiert nichts mehr schiefgehen. Sie eignen sich auch gut als Geschenkanhänger oder als Glücksbringer.

Kette

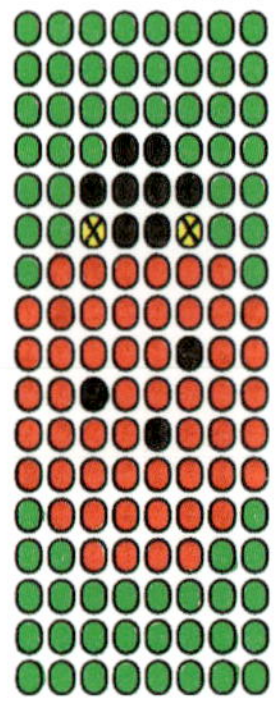

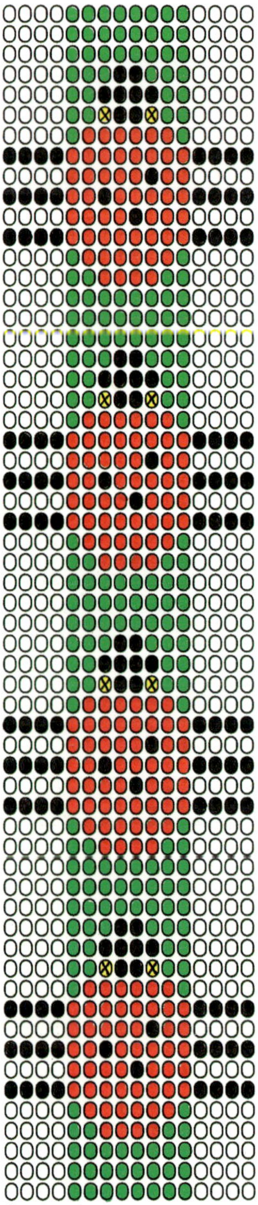

Armband

Kette

Material:

- *Rocailles opak, grün, rot, gold und schwarz*
- *Sechskant-Rocailles, gold*
- *4 goldene Perlen, ø 3 mm*
- *Nähgarn, schwarz*
- *1 goldener Drehverschluß*

Fünf je 1,75 m lange Fäden werden in der Mitte zusammengeschlungen, um das Querhölzchen gelegt und auf den Rahmen gespannt.

Anschließend kannst Du gemäß der Zählvorlage weben, das Querhölzchen muß dabei auf Dich gerichtet sein.

Wenn Du so weit gewebt hast, daß der Webrahmen gefüllt ist, löst Du die Fäden an den Holzknöpfen und rollst das Gewebte auf das Querhölzchen. Anschließend spannst Du die Fäden wieder und fährst mit dem Weben fort, bis Du den Marienkäfer zehnmal gewebt hast. Danach wird die Arbeit vom Rahmen genommen, die Fäden in drei Teile geteilt und mit Sechskant-Rocailles verziert. Nimm am Schluß die Fäden wieder zusammen, und ziehe zwei goldene Perlen auf. Abschließend wird der Drehverschluß befestigt.

Armband

Material:

- *Rocailles transparent, grün und rot*
- *Rocailles opak, schwarz und gold*
- *2 goldene Perlen, ø 6 mm*
- *Nähgarn, schwarz*
- *1 goldener Drehverschluß*

Es werden neun Kettfäden auf den Webrahmen gespannt und nach der Zählvorlage verarbeitet.

Die Beinchen werden angebracht, wenn das Band fertig gewebt ist. Hierzu zieht man an den entsprechenden Stellen durch die Perlenreihe ein Stück Faden, nimmt auf jeder Seite vier schwarze Perlen auf und führt den Faden jeweils durch die vorletzte Perle wieder zurück. Anschließend verknotest Du den Faden gut.

Wenn alle Beinchen fertiggestellt sind, wird das Armband vom Rahmen genommen. Nun nimmst Du alle Fäden zusammen und fädelst auf jeder Seite eine große, goldene Perle auf. Jetzt wird der Drehverschluß befestigt.

(Fortsetzung auf Seite 14)

Plastische Marienkäfer als Schlüsselanhänger und Brosche

Material:
- *Rocailles opak, schwarz, rot und gold*
- *Nylonfaden, ø 0,3 mm*
- *Anstecknadel und zwei künstliche Blätter für die Brosche*

Beginne mit dem Aufziehen der Perlen auf 1,50 m Nylonfaden am Kopf des Käfers (zum Vorgehen siehe Spinne, Seite 6/7).
Die Unterseite des Käfers besteht nur aus schwarzen Perlen. In der fünften, siebten und neunten Reihe werden die Beinchen an der unteren, schwarzen Seite aufgefädelt.
Für den Schlüsselring 22 Perlen auf den Nylonfaden fädeln und das andere Ende des Fadens gegengleich durchziehen. Der Faden wird zum Schluß verknotet und verschweißt.

Für die Brosche benötigst Du einen plastischen Marienkäfer ohne Schlüsselring. Klebe ihn auf die beiden künstlichen Blätter, diese werden anschließend auf die Anstecknadel geklebt. Auf die gleiche Art kannst Du auch eine Haarspange herstellen.

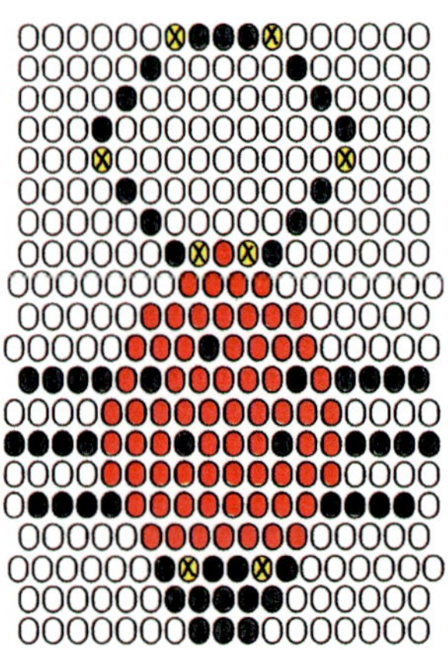

Blau-weiße Kette

Die Kombination der Trendfarben Blau und Weiß macht den edlen Reiz dieser Kette aus.

Material:
- *Wachsperlen, zwei Blautöne und Weiß, ø 3 mm*
- *Rechteckige Holzperlen, drei Blautöne, ø 5 mm*
- *Stiftperlen aus Holz, gedreht, blau, ø 1,2 cm*
- *Nähgarn, weiß*
- *1 silberner Drehverschluß*

Die zehn 1,50 m langen Fäden in der Mitte zusammenschlingen, um das Querhölzchen legen und spannen. Dann mit dem Weben in der Mitte des Webrahmens anfangen.
Ist das Medaillon fertig, nimmst Du es vom Rahmen und fädelst auf jeweils fünf Fäden die Perlen für die Kette mit Hilfe einer Nähnadel auf. Dazu kannst du Dich am Foto orientieren. Anschließend verknotest Du die Perlen gut und befestigst den Drehverschluß.
Abschließend werden die Perlen unten am Medaillon angebracht. Dazu die Fäden in drei Stränge teilen. Auf den linken und rechten Faden drei weiße Wachsperlen, eine blaue, rechteckige Holzperle und wieder drei weiße Wachsperlen aufziehen. Die mittleren Fäden mit fünf weißen Wachsperlen, gefolgt von einer blauen, rechteckigen Holzperle und fünf weißen Wachsperlen versehen. Den Faden immer durch die vorletzte Wachsperle zurückführen und gut verknoten.

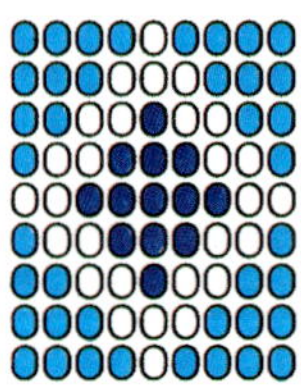

Bunte Ketten

Diese farbenfrohen Ketten peppen jedes Outfit auf.

Kette mit Männchen

Material:
- *Rocailles irisierend, weiß*
- *Rocailles opak, rot, schwarz, gelb, grün*
- *Rocailles transparent, braun und dunkelblau*
- *Holzperlen, grün, gelb und blau, ø 3 mm*
- *Holzperlen, grün, gelb und blau, ø 6 mm*
- *Nähgarn, weiß*
- *1 silberner Drehverschluß*

Es werden 16 Fäden zu 1,50 m zur Hälfte zusammengeschlungen, um das Querhölzchen gelegt und auf den Webrahmen gespannt. Zuerst wird das Medaillon mit dem Männchen in der Mitte des Rahmens gewebt. Dann löst Du acht Fäden vom Rahmen und webst die acht noch gespannten Fäden bis zum Rahmenende. Nun das Gewebte vom Rahmen lösen, die anderen acht Fäden spannen und bis zur gleichen Länge wie die erste Seite weben. Dann rollst Du die Arbeit auf das Querhölzchen. Nun kann man die Fäden für die erste Seite wieder spannen. So fährst Du fort, bis Du die gewünschte Länge erreicht hast.

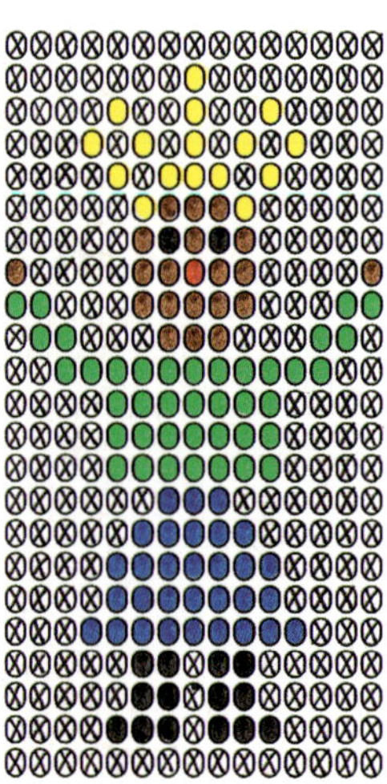

Die Fadenenden werden mit Holzperlen verziert (siehe Foto), und der Drehverschluß wird mit einigen Knoten befestigt.
Die Fäden unten am Medaillon werden dreigeteilt, mit der Nadel aufgenommen und mit Holzperlen verziert (siehe Foto). Mit der vorletzten Perle beginnend, führst Du den Faden zurück und verknotest ihn gut.
Wie die Randperlen angebracht werden, kannst Du bei der Kette mit Herzen auf Seite 8 nachlesen.

Kette mit kleinen Blümchen

Material:
- *Rocailles opak, Blutstein, grün, rot, gelb, hellblau, orange, rosa*
- *Rocailles irisierend, hellgrün*
- *Holzperlen, rot, ø 3 mm*
- *Nähgarn, schwarz*
- *1 Drehverschluß, gold*

Sieben 1,50 m lange Fäden in der Mitte zusammenlegen, um das Querhölzchen schlingen und spannen. Nun mit dem Weben nach der Zählvorlage beginnen.
Bist Du am Ende des Webrahmens angelangt, werden die Fäden von den Holzknöpfen gelöst und das Gewebte auf das Querhölzchen gerollt. Dann kannst Du die Fäden wieder spannen und weiterweben. Das Muster wird sechsmal gearbeitet. Danach die gesamte Arbeit lösen, einmal drei und einmal vier Fäden auf eine Nadel fädeln und jeweils mit fünf roten Perlen schmücken. Zum Schluß wird der Drehverschluß angeknotet.

(Fortsetzung auf Seite 18)

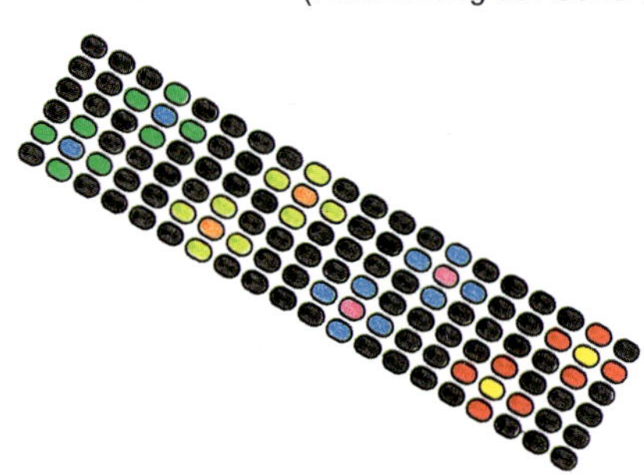

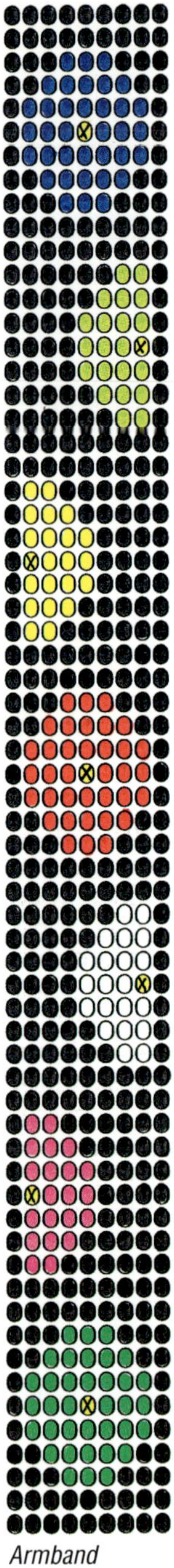

Armband

Armband mit bunten Kreisen

Material:

- *Rocailles opak, schwarz, hellgrün, dunkelgrün, hellblau, gelb, rot, weiß, gold und rosa*
- *Nähgarn, schwarz*

Spanne zehn Kettfäden und webe das Muster nach der Zählvorlage. Nach Beendigung das Gewebte vom Rahmen lösen, jeweils fünf Fäden zusammennehmen, mit einigen Knoten verzieren und anschließend alle zehn Fäden miteinander verknoten.

Kette mit bunten Kreisen

Material:

- *Rocailles siehe Armband*
- *Holzperlen, rot, rosa, grün, weiß, gelb, ø 3 mm*
- *Nähgarn, schwarz*
- *1 silberner Drehverschluß*

Fünf Fäden à 1,50 m werden in der Mitte zusammengeschlungen, am Querhölzchen befestigt und gespannt.
Du beginnst in der Mitte des Rahmens mit dem Weben des blauen Kreises. Ist der Kreis fertig gewebt, werden fünf Fäden gelöst. Die restlichen noch aufgespannten Fäden webst Du nach der Vorlage bis zum Rahmenende. Dort angelangt, mußt Du die Fäden lösen, die anderen fünf Fäden spannen und ebenfalls bis zum Ende des Rahmens weben. Wenn Du die halben Kreise neunmal gewebt hast, kannst Du die gesamte Arbeit vom Rahmen lösen und mit Holzperlen verzieren. Orientiere Dich dazu am Foto. Abschließend wird der Drehverschluß angeknotet.
Die Fäden unten am Medaillon mit dem blauen Kreis werden dreigeteilt und ebenfalls mit Holzperlen verziert. Die Holzperlen werden festgehalten, indem man die Fadenenden gut verknotet.

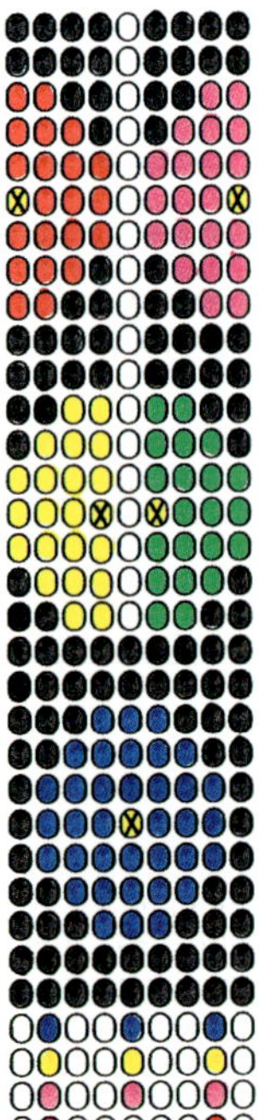

Kette

Braun-beige Kette

Diese edle Kette paßt besonders gut zu allen Naturfarben.

Material:
- *Rocailles transparent, beige und braun*
- *6 ovale, gekerbte Holzperlen, natur, ø 6 mm*
- *8 glatte Holzperlen, natur, ø 6 mm*
- *12 glatte Holzperlen, natur, ø 3 mm*
- *1 große Schmuckperle, natur, ø 15 mm*
- *Nähgarn, braun*
- *1 goldener Drehverschluß*

6 Fäden zu 1,75 m werden in der Mitte zusammengeschlungen, am Querhölzchen befestigt und auf den Webrahmen gespannt. Webe zunächst das Muster elfmal. Löse danach die Fäden vom Rahmen und fädle auf sie eine gekerbte, ovale Holzperle. Danach werden die Fäden wieder gespannt. Anschließend wird das Muster fünfmal gewebt, dann löst Du die Fäden wieder, ziehst drei runde, glatte Holzperlen (ø 6 mm), eine Schmuckperle und nochmals drei Holzperlen auf. Anschließend spannst Du die Fäden wieder und webst fünfmal das Muster. Die Fäden wieder lösen und noch einmal durch alle Fäden eine gekerbte, ovale Holzperle ziehen. Die Fäden wieder spannen und das Muster elfmal weben. Ist die Kette zu Ende gewebt, wird die Arbeit vom Rahmen genommen, und an jeder Seite werden auf jeweils drei Fäden drei glatte Holzperlen (ø 3 mm) aufgezogen. Wieder alle Fäden zusammennehmen und eine ovale, gekerbte, eine glatte Holzperle (ø 6 mm) und noch eine ovale, gekerbte Perle auffädeln.

Tip: *Nachdem Du eine oder mehrere Holzperlen aufgenommen hast, beginnst Du wieder am unteren Ende das Rahmens mit dem Weben. Nach ca. zwei Reihen schiebst Du das Gewebte eng an die Holzperlen.*

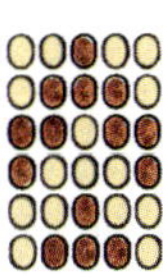

Blümchen-armbänder

Bei der Gestaltung dieser Bänder sind Deiner Phantasie keine Grenzen gesetzt, denn Du kannst die Farben ganz nach Deinem Geschmack auswählen.

Material:
- *Rocailles in verschiedenen Farben*
- *Nylonfaden, ø 0,25 mm*
- *Verschiedene Verschlüsse*

Auf 1 m Nylonfaden links sieben Perlen aufziehen und in die Mitte schieben. Dann ziehst Du das Ende des rechten Fadens gegengleich durch die Perlen.

Zeichnung 1

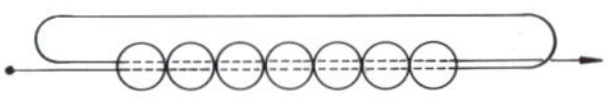

Anschließend ziehst Du an beiden Enden, so daß sich die Perlen zu einem Kreis schließen. Nun ziehst Du auf beide Fäden eine andersfarbige Perle für die Blütenmitte auf.

Zeichung 2

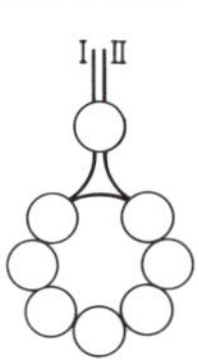

Diese neue Perle legst Du in die Mitte des Perlenkreises und führst ein herausschauendes Fadenende von links, das andere von rechts, durch die mittlere Perle des Kreises. Schon ist das erste Blümchen fertig.

Zeichnung 3

Für das zweite Blümchen ziehst Du zuerst eine Perle in der Farbe, in der Du den zweiten Blütenkreis machen willst, auf einen Faden auf und fädelst den anderen Faden gegengleich durch sie hindurch. Von nun an wiederholt sich das Vorgehen. Du fädelst wieder sieben Perlen auf und verfährst weiter, wie beim ersten Blümchen beschrieben.

Wenn Du die gewünschte Länge erreicht hast, knotest Du an der Seite, an der Du begonnen hast, ein Stück Nylonfaden an, an dem Du dann den Verschluß anbringen kannst. Auf der anderen Seite wird der Verschluß an dem restlichen Faden angeknotet.

Du kannst die Armbänder variieren, indem Du zwischen den Blümchen mehrere Perlen auffädelst oder Blümchen in verschiedenen Farbkombinationen arbeitest.

Namensbänder

Mit Hilfe der Vorlage für das Alphabet kannst Du Namensbänder für alle Deine Freundinnen und Freunde herstellen. Ein tolles Geburtstagsgeschenk!

Material:

„Michaela“:

- *Rocailles opak, orange und transparent, rot*
- *Nähgarn, rot*

„Katrin“:

- *Rocailles opak, rosa und hellblau*
- *Nähgarn, weiß*

Für jedes Band werden acht Fäden gespannt. Du kannst die Bänder variieren, indem Du wie beim Band „Katrin“ am Anfang und am Ende abwechselnd zwei verschiedene Farben auffädelst. Die nächste Reihe arbeitest Du dann versetzt zur ersten. Zum Schluß werden die Fäden mit einigen Knoten verziert.

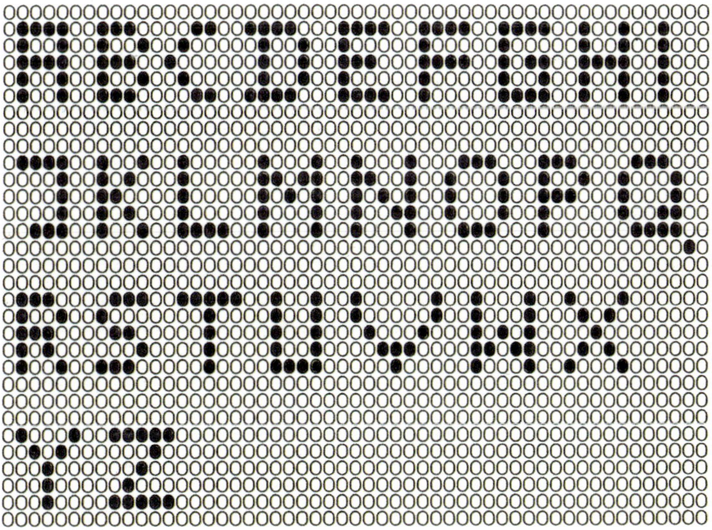

Armbänder mit geometrischen Mustern

Diese schlichten, geometrischen Muster wirken durch die leuchtenden Farben.

Armband mit großem Karomuster

Material:

– Rocailles opak, rot, blau, gelb, grün
– 4 blaue, grüne und gelbe Holzperlen, ø 3 mm
– 2 rote Holzperlen, ø 6 mm
– Nähgarn, schwarz
– 1 silberner Drehverschluß

10 Kettfäden auf den Webrahmen spannen und nach der Zählvorlage arbeiten. Dann das Gewebte vom Rahmen nehmen. Jeweils fünf Fäden mit je einer blauen, einer grünen und einer gelben Perle schmücken. Nun nimmst Du die Fäden wieder zusammen und fädelst eine große, rote Perle auf sie auf. Abschließend kannst Du den Drehverschluß befestigen.

Tip: *Armbänder und Ketten kann man durch Aufziehen von zusätzlichen Abschlußperlen verlängern.*

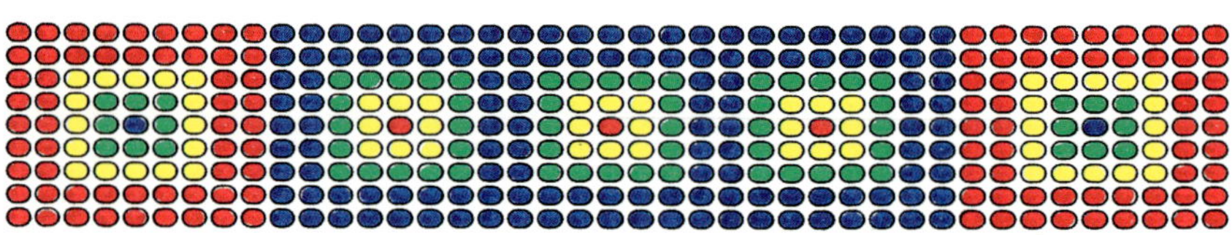

Orange-blaues Armband

Material:

– Rocailles transparent, orange und blau
– Rocailles opak, gold
– Nähgarn, weiß
– 1 goldener Drehverschluß

Sieben Fäden auf den Rahmen spannen und nach der Zählvorlage das Muster 28mal weben. Die Arbeit vom Rahmen nehmen, die Fäden zweiteilen, mit einmal fünf und einmal vier goldenen Rocailles verzieren. Die Fäden wieder zusammennehmen und eine weitere goldene Rocaille anbringen. Dann kannst Du den Drehverschluß anknoten.

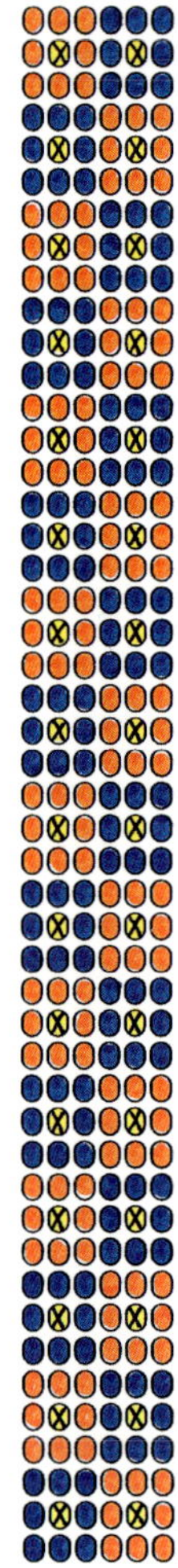

Garantiert nicht bissig!

Nicht bissig, aber ganz schön schrill sind diese Krokodile, die sich vielseitig verwenden lassen.

Krokodil auf Draht

Material:
- *Rocailles irisierend, hellgrün und opak, gold*
- *Grüner Basteldraht*
- *Nylonfaden, ø 0,15 mm*

Das hier als Kettenanhänger verwendete Krokodil aus 90 cm Draht wird nach der Zählvorlage auf Seite 26 gefertigt. Nur die Beine läßt Du vorerst weg. Das Drahtende am Schwanz des Krokodils wird mit Hilfe einer Zange verdreht und abgezwickt.
Nun werden die Beine samt Füßchen angebracht. Dazu ziehst Du ein Stück Nylonfaden durch die Reihen 11 und 16. Dann nimmst Du auf jeder Seite drei grüne und drei goldene Perlen auf und führst den Faden nur durch die grünen Perlen zurück. So entstehen die Füßchen. Die Schnur noch verknoten und verschweißen.

Krokodilkette

Material:
- *Rocailles irisierend, hellgrün und opak, gold*
- *Grüne Glasstifte*
- *Goldene Perlen, ø 8 mm*
- *Nylonfaden, ø 0,15 mm*
- *1 goldener Verschluß*

Zuerst stellst Du, wie oben beschrieben, ein Krokodil aus Draht her. An den mittleren goldenen Perlen an den Füßchen sowie an der Mitte des Bauches wird je ein ca. 35 cm langer Nylonfaden befestigt. Auf diesen werden Perlen für die Kette aufgezogen. Fünf Glasstifte und eine grüne Rocaille wechseln sich dabei immer ab. Am unteren Füßchen wiederholst Du diesen Vorgang fünfmal. An der Körpermitte des Krokodils fädelst Du die Perlen viermal auf, wobei hier drei Glasstifte den Abschluß bilden. Am oberen Füßchen wiederholst Du den Vorgang ebenfalls viermal und bringst als Abschluß einen Glasstift an. Wenn Du alle Perlen aufgefädelt hast, nimmst Du auf jeder Seite alle drei Schnüre zusammen und ziehst drei große, goldene Perlen auf. Nun folgt der Drehverschluß, der mit einigen Knoten befestigt wird.

Plastischer Krokodilanhänger

Material:

- *Rocailles transparent, hellgrün, farblos und opak, gold*
- *Nylonfaden, ø 0,3 mm*

Das Krokodil wird nach dem gleichen Prinzip hergestellt wie die plastische Spinne auf Seite 6/7. Die Oberseite ist grün, die Unterseite farblos. Du benötigst einen 1,75 m langen Nylonfaden. Du beginnst mit der Nasenspitze, die einseitig aufgezogen wird. Die erste goldene Perle wird in die Mitte der Schnur gezogen, den anderen Nylonfaden ziehst Du gegengleich durch die Perle hindurch, um sie zu fixieren.

Armband

Nun folgt die Unterseite mit zwei farblosen Perlen sowie die Oberseite mit zwei grünen Perlen. Ober- und Unterseite müssen gut untereinander liegen. Nach der Zählvorlage wird nun das Krokodil fertiggestellt.

Für den Schlüsselring fädelst Du auf den restlichen Nylonfaden ca. 20 Perlen auf, wobei sich zwei grüne und eine farblose Perle abwechseln. Das andere Ende des Fadens wird gegengleich durch die Perlen durchgezogen. Nun den Nylonfaden mehrmals verknoten und verschweißen. Fertig ist ein toller Schlüsselanhänger, um den Dich alle Deine Freunde garantiert beneiden werden!

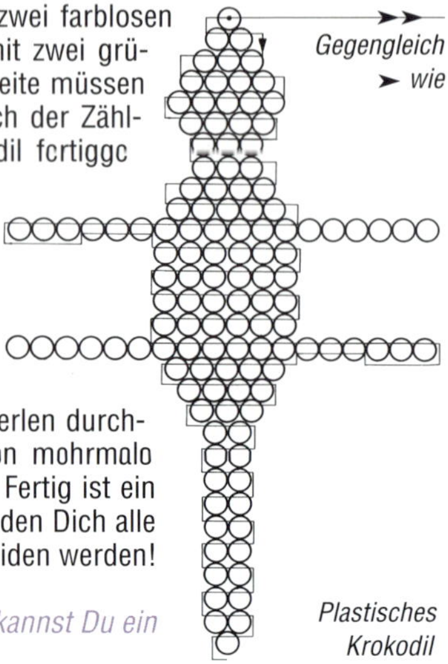

Plastisches Krokodil

Tip: Mit Holzperlen, ø 6 mm, kannst Du ein großes Krokodil herstellen.

Krokodilarmband

Material:

- *Rocailles opak, gold und Blutstein*
- *Rocailles irisierend, hellgrün*
- *2 goldene, geriffelte Perlen, ø 6 mm*
- *Nähgarn, schwarz*
- *1 goldener Ösenverschluß*

Es werden sieben Fäden gespannt. Nun wird nach der Zählvorlage das Armband, zunächst ohne Beine und Füßchen, gewebt. Die Füßchen werden zum Schluß auf ein Stück Nähgarn gezogen. Dazu wird zuerst an den entsprechenden Stellen der Faden durch die Perlenreihe gezogen, dann nimmt man jeweils drei grüne und drei goldene Perlen für ein Bein und ein Füßchen auf und führt den Faden nur durch die grünen Perlen zurück. Anschließend kannst Du den Faden gut verknoten. Danach löst Du die Arbeit vom Rahmen und ziehst über die Fäden auf beiden Seiten eine goldene Perle. Anschließend kannst Du den Verschluß anknoten.

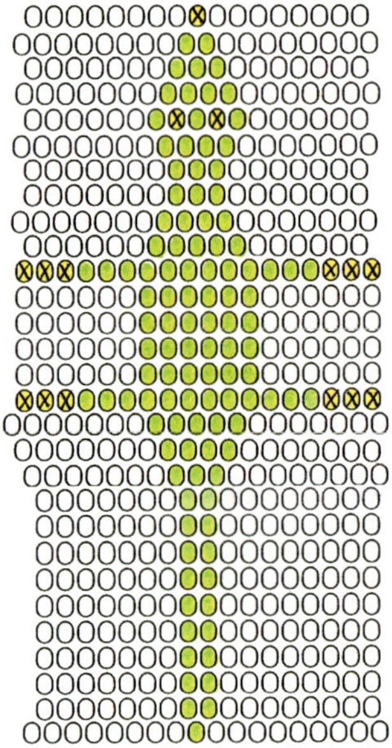

Plastisches Krokodil und Krokodil auf Draht

Süße Mäuse

Niedliche Mäuse zieren hier allerlei Schmuckstücke und einen Schlüsselanhänger.

Plastische Maus als Schlüsselanhänger

Material:
- *Rocailles opak, schwarz und gold*
- *Nylonfaden, ø 0,3 mm*

Die Perlen werden gemäß der Vorlage auf 1,50 m Nylonfaden aufgezogen. Die Unter- und die Oberseite der Maus ist schwarz.
Du beginnst mit einer goldenen Perle für das Schnäuzchen, die nur einseitig aufgezogen wird. Bringe sie in der Mitte des Fadens an und fädle sie noch einmal mit dem anderen Ende des Fadens gegengleich auf, um sie zu fixieren. Alle weiteren Perlenreihen werden doppelt aufgezogen. Die erste Perlenreihe ist immer die Unterseite, danach kommt die Oberseite (zum Vorgehen siehe auch die Spinne, Seite 6/7).
Ist die Maus fertig, werden für den Schwanz auf den restlichen Nylonfaden neun Perlen aufgezogen. Durch die vorletzte Perle wird der Faden wieder zurückgeschoben. Für den Schlüsselring werden auf ein anderes Stück Nylonfaden fünfmal abwechselnd eine goldene und drei schwarze Perlen aufgefädelt. Danach wird der noch am Schwanz überstehende Nylonfaden durch die Perlen für den Schlüsselring gezogen, verknotet und verschweißt.
Die Ohren entstehen, indem Du in der Reihe hinter den Augen (vierte Reihe) durch die ersten beiden Perlen ein Stück Nylonfaden ziehst und auf dieses, immer auch gegengleich, einmal zwei und einmal eine Perle aufziehst. Der Nylonfaden wird mehrmals verknotet und verschweißt.

Kette

Material:
- *Rocailles opak, Blutstein und gold*
- *Holzperlen, schwarz und rot, ø 3 mm*
- *Nylonfaden, ø 0,3 mm und ø 0,15 mm*
- *Goldener Basteldraht*
- *1 goldener Drehverschluß*

Zuerst werden drei Mäuse aus Draht gemäß der Vorlage hergestellt. Sie werden wie die plastischen Mäuse, jedoch nur einseitig und ohne Ohren, gearbeitet. Pro Maus benötigst Du 60 cm Draht.
Auf 50 cm Nylonfaden (ø 0,3 mm), der am Ende einen Knoten hat, werden abwechselnd drei schwarze und drei rote Holzperlen so lange aufgezogen, bis Du die gewünschte Länge erreicht hast.
Nun wird das andere Ende verknotet. Achte darauf, daß der Knoten an den Perlen anliegt. Nun befestigst Du den Drehverschluß mit einigen Knoten. Danach werden die Nylonfäden verschweißt.
In der Mitte der Kette wird die erste Maus befestigt. Dazu führst Du den Nylonfaden (ø 0,15 mm) durch eine Holzperle und den Draht am Mäuseschwanz und verknotest ihn anschließend. Die anderen Mäuse werden ebenso befestigt.

Tip: *Du kannst die Mäuse auch untereinander anbringen. Die auf Draht aufgezogenen Mäuse kannst Du auch auf Anstecknadeln oder Haarspangen kleben.*

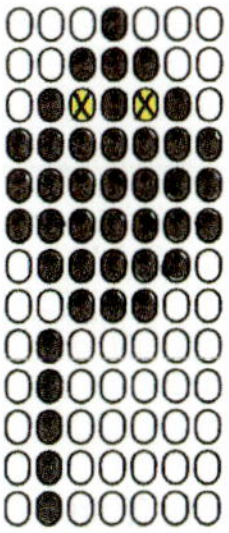

Kette und Ohrringe

Armband

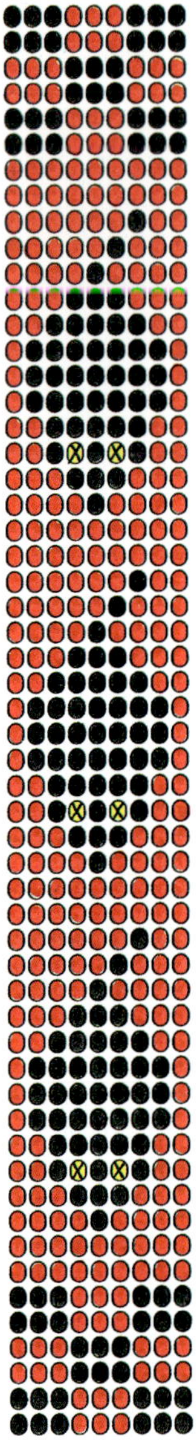

Material:
- *Rocailles opak, rot, gold, Blutstein*
- *Holzperlen, schwarz und rot, ø 3 mm*
- *Nähgarn, rot*
- *1 goldener Drehverschluß*

Spanne zehn Kettfäden auf den Webrahmen. Nun webst Du das Band nach dem Zählmuster. Soll Dein Band kürzer oder länger werden, kannst du eine Maus mehr oder weniger weben. Wenn das Armband fertig ist, löst Du es vom Rahmen und verknotest immer zwei Fäden miteinander. Nun werden alle Fäden zusammengenommen und in die Nähnadel gefädelt.
Ziehe nun jeweils eine rote, eine schwarze und wieder eine rote Perle auf die Fäden. Zum Schluß wird der Drehverschluß angeknotet.

Tip: *Zum Einfädeln in die dünnen Nadeln ist ein Einfädler sehr hilfreich.*

Ohrringe

Material:
- *Rocailles opak, Blutstein und gold*
- *Goldener Basteldraht*
- *2 goldene Ohranhänger*

Es werden zwei Mäuse aus Draht hergestellt. Mit einem kleinen Stück Draht werden sie am Ohranhänger befestigt, indem Du den Draht durch den Draht am Schwanz des Mäuschens und die Öse des Ohranhängers ziehst. Mit Hilfe einer Zange wird der Draht verdreht und abgezwickt.

Ensemble mit Nikoläusen

In der Weihnachtszeit bist Du mit diesen Nikoläusen passend geschmückt. Die Nikoläuse auf Draht und Nylonfaden eignen sich natürlich auch besonders gut als Geschenkanhänger.

Plastischer Nikolaus als Schlüssel- und Kettenanhänger

Material:
- *Rocailles opak, rot und schwarz*
- *Rocailles transparent, rosé*
- *Rocailles irisierend, weiß*
- *Nylonfaden, ø 0,3 mm*

Beginne mit dem Aufziehen des Körpers auf 1,50 m Nylonfaden an der Mütze des Nikolauses (zum Vorgehen siehe Spinne, Seite 6/7). Die erste rote Perle wird einfach, die nächsten Reihen bis zum Rockende werden doppelt aufgezogen. Arbeite zuerst die Unter-, dann die Oberseite. Beide Seiten sind identisch, allerdings läßt Du auf der Unterseite die Augen und die Nase weg. Der Nylonfaden wird am Ende mehrmals verknotet und verschweißt.

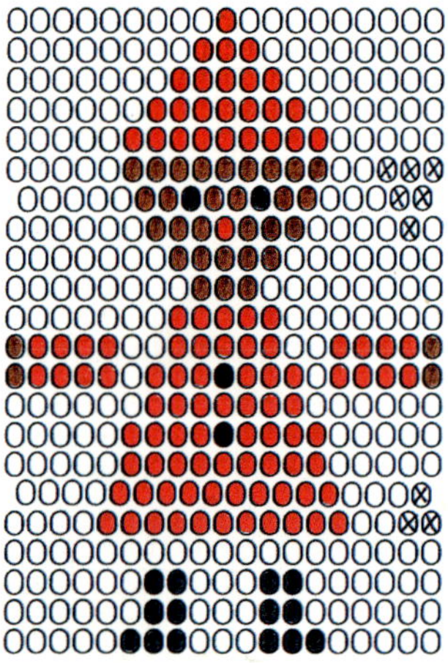

Arme, Stiefel, Bart und Bommel werden auf separate Stücke Nylonfaden aufgezogen.
Die Arme entstehen, indem Du einen Nylonfaden in der zweiten und dritten Reihe nach dem Hals durchziehst und die Perlen gemäß der Vorlage zweiseitig auffädelst.
Die Stiefel entstehen, indem man ein Stück Nylonfaden durch die unterste Reihe am Rock zieht und die Perlen an der entsprechenden Stelle zweireihig aufzieht. Der Bommel entsteht genauso, wobei der Nylonfaden an der letzten Perle der Mütze durchgezogen wird. Für den Bart ziehst Du ein Stück Nylonfaden durch die Reihe des Halses und fädelst die Perlen einseitig auf. Alle Nylonfäden müssen verknotet und verschweißt werden.
Für den Schlüsselring ziehst Du einen Nylonfaden durch die erste Perle des Bommels, fädelst 20 Perlen auf und ziehst den Nylonfaden gegengleich durch die Perlen. Anschließend wird der Faden verknotet und verschweißt.

Kette

Material:
- *Holzperlen, natur, grün, rot und gelb, ø 0,3 mm*
- *Nylonfaden, ø 3 mm*
- *1 goldener Drehverschluß*

Auf 60 cm Nylonfaden fädelst Du die naturfarbenen, grünen, gelben und roten Holzperlen abwechselnd auf. Nach 25 cm einen plastischen Nikolaus anbringen und die Arbeit beenden, indem Du weitere 25 cm Holzperlen abwechselnd auf den Nylonfaden aufziehst. Zum Schluß den Drehverschluß befestigen.

(Fortsetzung auf Seite 32)

MERRY
CHRISTMAS

Ohrringe mit Nikoläusen auf Draht

Material:
- *Rocailles opak, schwarz und rot*
- *Rocailles transparent, rosé*
- *Rocailles irisierend, weiß*
- *Goldener Basteldraht*
- *2 goldene Ohranhänger*

Der einseitig gearbeitete Nikolaus wird auf 1m Draht aufgezogen und im Prinzip genauso wie der plastische Nikolaus, jedoch einseitig, hergestellt. Beginne mit der Mütze. Die Arme, Stiefel, Bart und Bommel werden ebenfalls auf separate Stücke Draht aufgezogen. Die Drahtenden mit Hilfe einer Zange verdrehen und abzwicken. Anschließend die Nikoläuse mit einem Stück Draht an den Ohrringen anbringen.

Armband

Material:
- *Rocailles transparent, rot, rosé*
- *Rocailles opak, grün, weiß, Blutstein*
- *Sechskant-Rocailles, gold*
- *2 goldene Abschlußperlen, ø 6 mm*
- *Nähgarn, grün*
- *1 goldener Drehverschluß*

10 Kettfäden auf den Rahmen spannen und nach der Zählvorlage arbeiten.
Die Arme des Nikolauses werden zum Schluß separat angebracht. Dazu ziehst Du ein Stück Faden durch die erste der entsprechenden Reihen und fädelst auf jeder Seite zwei rote Perlen auf. Den Faden anschließend gegengleich durchziehen. Die zweite Reihe arbeitest Du genauso, wobei eine roséfarbene Perle den Abschluß bildet. Zum Schluß wird der Faden mehrmals verknotet.